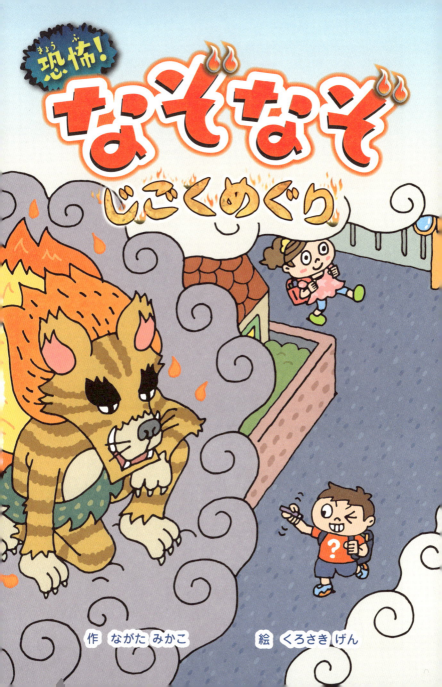

もくじ

1章 ほのおの じごく　7

2章 こおりの じごく　65

3章 ばけものの じごく　121

4章 さばきの とき　177

1章 ほのおの じごく

もんだい

さいしょは ほのおの じごくだニャ。
入り口は まっくらやみニャ

1
からに とじこもってばかりで、
外に でてこないと いう
くらーい 生き物は?

おれは でないぞ!

2
明るい 部屋の なかに おいても、
くらくなっちゃう もの なーんだ?

な、なんか くらいぞ!

1章 ほのおの じごく

③ 道具を つかわずに、どんなに いやな ものでも いっしゅんで けしてしまう ほうほうは?

④ お客さんが はいると 電気を けしてしまう へんな たてものは?

こたえは つぎの ページ

こたえ

こたえを おしえるニャーっ

① でんでん（出ん出ん）虫

でんでん虫は、カタツムリのことだよ！

② まくら（まっくら だからね）

まくらで まっくらニャ！

1章 ほのおの じごく

③ 目を とじる

なにもかも きえた〜

④ 映画館（劇場）

なるほどね！

こたえ

川を こえて さきに
すすまなきゃ……！

⑤ つりかわ

足が
ういちゃうニャ〜っ

⑥ かわら

かわらと

川原か！

1章 ほのおの じごく

7 かわうそ

8 ぼっちゃん

もんだい

あつくて やけどしちゃいそう……

9 おこのみやき屋さんなのに、あつーい パンが あるらしい。なんだろう？

あるよ！

10 火を つけたくなる 野菜って なーんだ？

1章 ほのおの じごく

11 夏になると あらわれる、まあるい イカの 正体は？

こたえは つぎの ページ

こたえ

なぞなぞは まだまだ つづくニャ！

⑨ てっぱん

⑩ もやし

1章 ほのおの じごく

11 スイカ

スイカ、大すき〜♡

もっと 右ニャ！

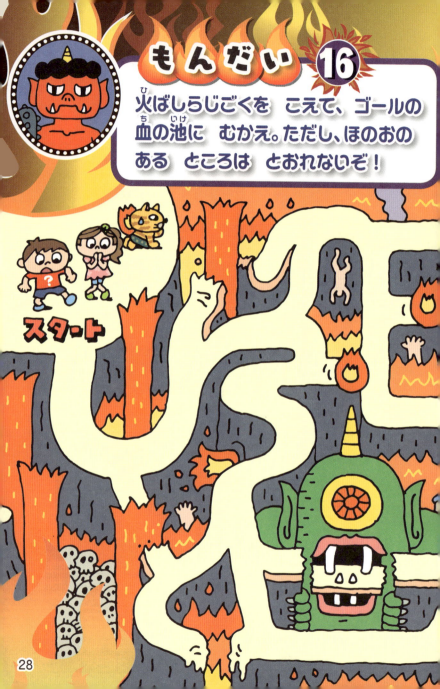

こたえ

12 止→正

13 三→王

14 牛→生

かまゆでになるところだった

15 2

1章 ほのおの じごく

もんだい

火ばしらじごくを こえたら、
こんどは 血の池じごくだーっ!

17 数を かぞえようとすると すぐに でてくる 血って?

18 地面に かならず ある 血って なあに?

1章 ほのおの じごく

19 時計の はりが 流す 血って なあに?

ぶきみニャ!

20 赤い血と 青い血と 緑の血、おいしいのは どれ?

こたえは つぎの ページ

こたえ

まえの ページの こたえだよ

17 1（いち）

18 土地（とち）

1章 ほのおの じごく

19 カチカチカチ……

20 青(あお)い血(ち)

あー、おいち！

もんだい
この 仕事を しているうちに、
ファッションに 目ざめちゃったのさ

21 春に なると、茶色の 服を なんまいも かさねぎして でてくる子 だあれ？

あついよ！

すぐに せが のびるのじゃ！

22 人の 頭に のりたがる ウシって どんな ウシ？

1章 ほのおの じごく

23 たいらで、のっぺらぼう。顔を アツアツに して、人の 服に のっかかるの だあれ?

24 人の 足を たべる したって どんな した?

こたえは つぎの ページ

おしゃれは たのしいねぇ！

21 たけのこ

春と いえば たけのこ じゃの〜

22 ぼうし

こゆこと だよん！

1章 ほのおの じごく

23 アイロン

24 くつした

あれも 人から とった ものかな……

もんだい

ほのおの じごくは
これからが 本番(ほんばん)じゃ～！

25 火の となりに いる 鳥(とり)って なあに?

26 なべを 火に かけると でてくる 毛(け)って なあに?

1章 ほのおの じごく

27 晴れた 日の 夜あけに あらわれる 火って?

ふう、あちち……

25 ひよこ

26 ゆげ

27 朝日

もんだい

こんな もんだいは どうじゃ？

28 2まいの とびらに はさまれた、まっ赤な 顔の 食べ物 なーんだ？

29 マントを きて、ぶきみな わらい声を あげている サルって？

1章 ほのおの じごく

30 ページが とても おおい
本を さわって やけど。
どうして?

31 はしると なぜか かいちゃうもの なーんだ?

こたえは つぎの ページ

こたえ

ぜんぶ わかったかい?

28 トマト

はさまれてるね!

29 マントヒヒ

マントヒヒ はじめてみたニャ!

1章 ほのおの じごく

30 ぶあついから

31 あせ

もんだい
この じごくから ぬけだしたい じゃろう？

王さまの そばで もえている 火って なあに？

火事に なると とんでくる 子って どんな 子？

1章 ほのおの じごく

34 あつーい おゆに 手を いれて 温度を はかったよ。なん度だった?

35 火が もっているのは、目、口、耳のうち、どれ?

こたえは つぎの ページ

こたえ

ほのおの じごくは まだまだ つづくぞい

32 王ひさま

じごく行きの王さまたちから もらったのじゃ！

33 火のこ

わーっ！

1章 ほのおの じごく

34 やけど

35 耳（ファイヤー だからね）

もんだい 36

右と 左の 絵で、ちがうところが ひとつ あるにゃ。どこかニャ……?

1章 ほのおの じごく

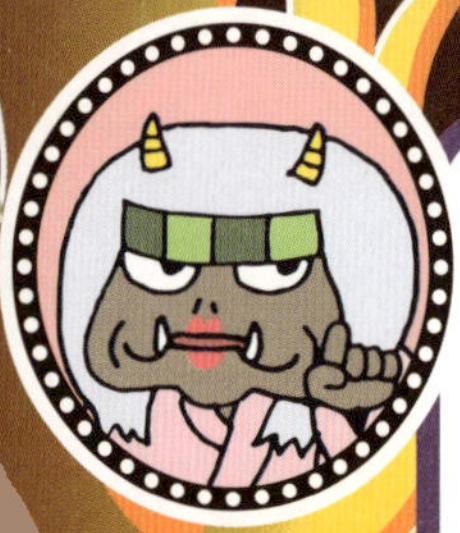

もんだい 37

しりとりめいろだよ。しりとりに
なるように　道を　たどって
ゴールを　めざしてごらん

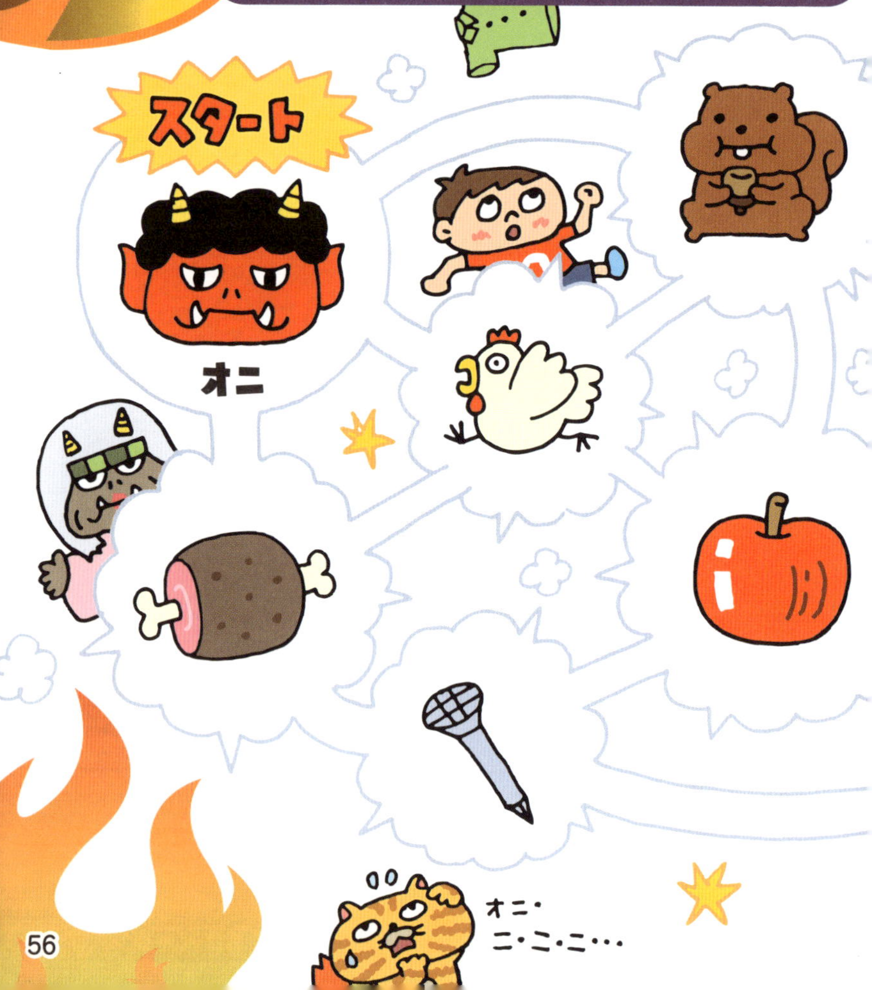

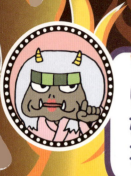

もんだい

出口は もうすぐじゃ！

38
火の そばで 生活している 虫って なんだ？

いやされる～！

39
道具箱に かくれていて、相手に むかって ふりおろされる かたーい 血って？

わっ！

1章 ほのおの じごく

㊵ 7さいの 子の きせつといえば?

㊶ ほのおで こうげきしてくる クマって?

こたえ

36

1か所だけというのが いがいと むずかしいのじゃ

37

オニ→ニワトリ→リス→スカート→
とけい→イヌ→ぬいぐるみ

にてるニャ！

1章 ほのおの じごく

38 ヒグラシ

39 かなづち（とんかち）

40 夏（なつ）（なな つ だからね）

あたしも
夏(なつ)生まれ
だよ♪

41 ヒグマ

シャー!!

もんだい

さむーい なぞなぞ、いくぞ！

42 風の 強い 雪の 日に あらわれる ぶきって なあに？

43 さむいのに 「やける」ものって なあに？

2章 こおりの じごく

おひさまに あたると あせを かいて 小さくなる、まるが ふたつの 白い ものって なに?

夏に なると つめたい 息を、冬に なると あたたかい 息を はきだすのは?

こたえは つぎの ページ

こたえ

おれたちは ふたりで
「ゴズメズ」って よばれてるんだ

42 ふぶき

43 しもやけ

エーン！

しもやけで 手が いたいよ

なぞなぞが とけたら 手ぶくろを やるよ！

2章 こおりの じごく

44 雪だるま

45 エアコン

もんだい

まだまだ いくぞ！

46 とっても つめたい オリって なーんだ？

さあ どうぞ！

47 さむい日に たれる はな水。じゃあ、やねから たれるのは？

2章 こおりの じごく

48 水を いっしゅんで こおりに するには どうすればいい?

49 さわると 手が こごえちゃう 家具って なあに?

こたえは つぎの ページ

こたえ

どうだ、ぜんぶ わかったか？

46 こおり

うん、なかなか おいしい こおりね

おなか こわすニャよ！

47 つらら

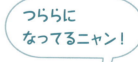

つららに なってるニャン！

2章 こおりの じごく

48 点を うつ

49 テーブル

もんだい

おまえら まとめて こおってしまえ〜っ!!

こおったら、なぞなぞ とけないよ〜!

50 ペンギンが でてくる きょくって どんな きょく?

へんな 曲…

2章 こおりの じごく

51
こおりが とけたら 水になる。
雪が とけると なにになる？

52
冬になると 子どもが
もってくる からしって なあに？

50 なんきょく

じゃあ、シロクマなら「ほっきょく」だね!

2章 こおりの じごく

51 春(はる)

52 こがらし

もんだい

はらが へったろ？
つめたーいものでも どうだ？

53 つめたい イスって どんな イス？

54 おじいちゃんと たべる つめたい おかしって なあに？

「レン、いっしょに たべよう」
「おじいちゃん？」

2章 こおりの じごく

55 どんな 味の かきごおりでも、かならず 上に のっかっている くだものって?

56 ひやしているか どうか いつも きかれてばかりの 食べ物って?

こたえは つぎの ページ

こたえ

からだの しんまで
ひえただろ。 わはははは！

53 アイス

あつい 日に
たべた〜い！

54 ソフトクリーム
（そふと クリーム）

おじいちゃんの ことを
「そふ」と いうニャ！

おいしいのう！

2章 こおりの じごく

55 カキ

これが ほんとの「カキ」ごおり！

56 ひやしちゅうか

ひやしちゅうかは ひやし中か？

なんちゃって！

さむっ！

もんだい

上から 読んでも 下から 読んでも おなじになる 『回文』もんだいだ

うまく 回文に するには、どの文字から スタートする?

たとえば

「た」から 読んでいって 「た」まで もどると…?

まんなかの 絵は ヒントなんだニャ!

「たいやきやいた」って 回文が できるわけだ

2章 こおりの じごく

57

58

こたえは 92ページ

もんだい 59

ぬけている ところに 右の
ピースを はめていくと、いらない
ピースが ふたつ あるぞ。どれだ?

メズオの アニキって
どんな 顔だったかニャー?

2章 こおりの じごく

こたえは 92ページ

2章 こおりの じごく

60

みつけたー！

みんな なかまだ！

もんだい

さあ、はり山を のぼるんだ！

61 水の ちかくに ひそんでいる、とげとげだらけの きれいずきな やつって？

フロに はいれよ！

わっ！

62 頭と おしりが 「トゲ」に なっている 動物って なーんだ？

ニョエーッ！

2章 こおりの じごく

63 はりだらけの 上着を きた、秋の 食べ物って なーんだ？

「こんなハンバーガー たべられないよ〜！」

64 なんでもかんでも ほしがる はりって なあに？

「その パンツ、くれよ！」

「いやニャ！」

こたえは つぎの ページ

こたえ
こおりの はり山は、つめたいし いたいぞ〜

61 たわし

これで はり山を けずれないかな？

62 トカゲ

ニョニョニョエー!!

2章 こおりの じごく

63 クリ

64 よくばり

もんだい

はり山を のぼりきらないと つぎに いけないぜ

65
頭に はりが はえてて あぶないけど、からだの ためになる 水を おなかに いれてる やつって？

それって はり？

これは「はり」じゃなくて「つの」な！

66
はっきりと モノを いう はりって なあに？

チビだな

ウニュニュニュ〜!!

2章 こおりの じごく

67 牧場で いつも おこってばかりいる 動物は だれ？

68 さかさまに なると、チクチクする からだの 部分って どこ？

こたえ

足（あし）が いたくなって きたんじゃないか？ へへへっ

65 ちゅうしゃ

からだに いいぜ！

うそだ!!

66 ずばり！

ずばり チコは よくばり

なんちゃって！

2章 こおりの じごく

67 ウシ

モーッ!

ウッシッシ
ウシみたい だよ!

68 口

口は わざわいの もと ニャ!

もんだい

はり山を こえても、まだまだ なぞなぞは つづくぞ！

69
風が ふくと、まどべで なきだす やつの 正体は？

70
頭を ふりふり、顔を ぐるんぐるん まわす、夏の 人気者って なんだ？

2章 こおりの じごく

71 いつも からだを ふるわせている イヌって?

だいじょうぶかニャ?

72 こくはくを しながらする スポーツって?

き、きみのことを…

まあ…

こたえは つぎの ページ

69 ふうりん

70 せんぷうき

ここじゃ さむすぎだよ！

2章 こおりの じごく

71 ブルドッグ

にらめっこ なら まけないニャ！

72 スキー

スキー、大(だい)すきー!!

じ、じつは オレも…♡

ちゃうちゃう！

もんだい 73

ぬけ道を みつけたニャ！
さきに いって まってるから、
おいつくニャ！

どれが カシャ丸に つながって いるのかな？

もんだい

なかなか やるな…。ならば、もっと むずかしく してやるぞ!

まだまだ! まけるもんか〜!

74 かぜを ひくと 口から でてくる 本って?

ねつが あるわ!

2章 こおりの じごく

75 ソファーの 上で いつも くしゃみを しているのは?

また だれか うわさ してるぜ!

76 学校の なかで かかる、口の 病気って なに?

こたえは 113ページ

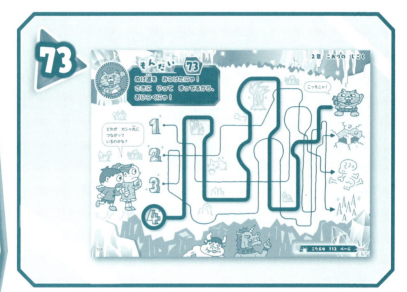

ぬけ道は
おれたちも
しってるんだぜ！

2章 こおりの じごく

74 ごほん

うつすなよ!

75 クッション

ハクッションね!

メズオさま げんてい クッション!

76 こうないえん

これが できると たべにくい のよね!

もんだい

さーて、これが さいごだぜ!
わかるかな?

77
けがを するたびに わらって
でてくるのは だれ?

78
ばいきんが みつからない
駅って どんな 駅?

2章 こおりの じごく

79 けがすると からだに くっついてくる タイって?

80 きっても きっても 血が でない 王さまって、なんの 王さま?

こたえは つぎの ページ

こたえ

ここまでくるとは みごとだ！

77 くすり（くすりと わらっているよ）

78 しょうどくえき

2章 こおりの じごく

79 ほうたい

80 トランプの キング（王さま）

3章 ばけもの じごく

もんだい

まずは からだの いちぶが ヘンテコじごくでございます

指先（ゆびさき）に くっついている
目（め）って なあに？

からだの なかで いつも
返事（へんじ）を しているのは？

3章 ばけもの じごく

83
手や 足に かならず
ついている、ぜったい
あかない 門って なあに?

あかないニャ!
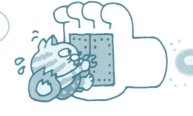

84
つかれると、ときどき ぼうに
なる からだの 部分は?

おいら つかれた〜

ゴロゴロゴロゴロ

こたえは つぎの ページ

こたえ

ふふふ、おわかりに なりましたか？

 つめ

「のう ある ネコは つめを かくさないニャ！」

 はい

「はい！」

3章 ばけもの じごく

83 しもん

じっと みてたら 目が まわって きたわ!

84 足

もう つかれて 足が ぼうだよ……

っていうよね

もんだい

とけなかったら くすぐりじごくだ～

85
げんかんで いつも とがったものを さされている、かわいそうな 手って なあに?

だいじょうぶ?

86
手紙に くっついて はなれようと しない 手って なんだ?

わっ!

3章 ばけもの じごく

 87 ふしぎに 思った ときに さく、まんなかに 手が はえた 花って なんだ？

 88 なんだか すきに なれない 手って どんな 手？

「なんだか ダメです！ ごめんなさい!!」

こたえは つぎの ページ　131

こたえ

タカムラさまは おこると ものすご〜く こわいんだ……

85 かさたて

きょうの じごくの 天気は 血の 雨です

いきたくない〜

86 切手

じごくの きねん切手ニャ!

3章 ばけもの じごく

 はてな

くそーっ！

「は」と「な」の まんなかに「て」だね！

 にがて

タカムラさまは にがてだニャ！

は？

133

もんだい

こうさんなさいますか？
まだまだ つづきますよ

89 車なのに 人間だと いう、気味の わるい のりものは？

車 じゃねえ！
オラ、人間だ！

どっちでも
ないとおもうよ！

3章 ばけもの じごく

90 まっ白なのに 黒いと いう なぞの ほねは?

まっくろ だぜ!

91 足に すみついている、ふたりの こぞうって だれ?

きゃああ! あっち いって!

こたえは つぎの ページ

こたえ

タカムラさまは エンマさまに いちばん しんらいされている お人(ひと)なのダ

89 かたぐるま

3章 ばけもの じごく

90 ドクロ

色は 白いけど
ドクロだもんな!

91 ひざこぞう

カックン!

もんだい

からだなぞなぞ、おまえに
わかるか？

92 ガイコツの 頭に いつも くっついている 虫は？

はて なんでしょう？

93 目に さしても ケガを しない ものって なあに？

3章 ばけもの じごく

94 おっとより、つまが さきに だすのは 足の どこ？

どこ？

95 いっしゅんで ものを 大きくする 力を もっている ひとつ目こぞうって？

ボンッ！
ピカッ！

こたえは つぎの ページ

こたえ

そろそろ ギブアップするか？

92 ガ

「ガイコツ ですから！」

93 目ぐすり

「目に しみるー！」

これぞ 目ぐすりじごく！

3章 ばけもの じごく

94 つまさき

95 虫めがね

もんだい

あー、おなか すいたナ〜

96
きょうの おかずの お魚は、岩が 4つ。これなあに？

めしあがれ！

97
ぐるりと まわりに 耳の ある 食べ物って なあに？

おいしいぜー！

3章 ばけもの じごく

98
すぐに おこってしまう 飲み物って？

ぜったい ゆるさねぇ！

99
数字が あれば つくれちゃう くだものって なあに？

こたえは つぎの ページ

こたえ

とけなかったら おまえら
たべちゃうゾ〜

96 イワシ

ハッ!

97 食パン

毎朝
食パンを
たべます

いがい でしょ?

3章 ばけもの じごく

98 コーラ

こらー！ それ あたしの コーラ!!

99 いちご（15 だからね）

あっ！

これで おあいこね！

プス

もんだい

エンマさまは みはってないと
仕事を さぼりがちなのです

100
ごはんの まえは 1本足なのに、
ごはんの あとは 2本足に
なるもの、なんだ?

101
かけると ものを こわしてしまう
調味料って?

3章 ばけもの じごく

102 車に とりついていて、にもつを たべちゃう トラって？

103 すし、てんぷら、グラタンのうち、さむがりなのは どれ？

りゆうも お考えくださいね

こたえは つぎの ページ

こたえ

さあ、いくつ とけましたか？

100 わりばし

101 こしょう

3章 ばけもの じごく

102 トランク

エンマさまに おあいしてきます

103 てんぷら (ころもを きているから)

たべるのを みているだけの じごくで ございます

もんだい

おかしな 動物じごくだ。
イヒヒ

ばけものじごくは
なんでも ありだね……

 104 うちゅうに いっちゃう ウシって なあに?

3章 ばけもの じごく

106 金魚を のみこんでしまう ハチって？

106 おしりばかり おいかけてくる 鳥って なんだ？

あっち行って！

こたえは つぎの ページ

こたえ

まえの ページの こたえだぞ。
イヒッ

104 うちゅうひこうし

ボボボボボ

あちちち!

たいけん とつにゅう じごくで ございます

3章 ばけもの じごく

105 金魚ばち

じーっ!

106 しりとり

リス
↓
スッポン
あっ おわった!

もんだい

ばけものは まだまだ
たくさん いるぞ

107 だーれも いなくなると、決まって あらわれる 鳥って？

108 さむいときに 足に はりつく 2ひきの タイって？

3章 ばけもの じごく

109 ピョンピョン はねながら 人に とりつく 小さな きゅうけつきって？

いや～！

わかい 女の子の 血が 大こうぶつやで

110 つくえの 上や ゆかの 上を はしって ぴかぴかにする ゾウって？

ドド　　ドドド

こたえは つぎの ページ

こたえ

ぜんぶ とけたのか？

107 ひとり

ぽつーーん！

…さみしい

108 タイツ（タイ ツー 2）

よんだか？

あっ、コズメズ！

3章 ばけもの じごく

109 ノミ

かゆいのニャ！

110 ぞうきん

じみだけど なかなか つらい じごくですよ

うおおおお！

ぞうきんがけ じごく

もんだい 112

ひとだまの めいろだニャ。
矢じるしの 方向にだけ
すすめるニャ

こたえ

なかなか やりますね。
もうすこし とけたら
エンマさまの ところへ
ごあんないいたしましょう！

3章 ばけもの じごく

もんだい

1問でも、おまちがいになったら、
ずっと ここから でられませぬぞ

ぜったい ぜんぶ
せいかいするぞ！

113 みんなを こおりつかせるほど ひどい 歌って？

雪女さんって
歌が へただね！

3章 ばけもの じごく

114
トラのことが きらいすぎて
ぐるぐるまわっちゃう 楽器って?

115
くすりが うたう 曲って
どんな 曲?

なかみが
でちゃったぜー♪
イエイ♪

こたえは つぎの ページ

こたえ

なんだか うたいたくなって きました

113 コーラス
（こおらす だからね）

タカムラさんも
歌が へただね……

3章 ばけもの じごく

114 トライアングル

トライヤんぐる

115 薬局(やっきょく)

ヘイユー!

からだの ちょうしは どうだい♪

もんだい

オレさまの 歌を ききつづける じごくだ、ヒャッハー！

116 駅で ロックを うたっている 歌手って？

ヘイベイベー♪
きいろいせんの
うちがわだニャン♪

117 学校で うたう ねだんの たか〜い 歌って？

この歌は たかいわよ！

おおっ！

3章 ばけもの じごく

118 うたうと 心が みだれちゃう 歌って なあに?

なぜか こころが

かきむしられる ニャー！

119 みんなから かしこいって いわれる 楽器は なあに?

あいつは、ホントに かしこいぜ！

こたえは つぎの ページ

こたえ

さいごの こたえあわせで ございます

116 コインロッカー

117 校歌（高価だからね）

3章 ばけもの じごく

118 どうよう

この わたしが まけるとは……

← どうようちゅう！

119 リコーダー

ぜんぶ

クリア！

たいしたもんじゃ！

おまえたち
タカムラに
かったとは……

わわっ！

さあ、はやく
もとの世界に
かえしてよ！

ジロリ

ほほう、
気の強い子だのう

サザッ

もうしわけ
ありません

もんだい

さて、おてなみ はいけんと
いこうではないか

かかってこーい！

120

あかるい とき、まどを しめても
ガラスを すりぬけて
はいってきちゃうの なんだ？

4章 さばきの とき

121 かべぎわに ずっと いて、いったり きたりするだけの 鳥って?

122 雨が きらいで、いつも かっぱを きて まどの そばに いる子は だあれ?

ぜんぶ わかったか？

120 光(ひかり)

きもち いいー！

あけてくれ！

4章 さばきの とき

121 まどガラス

かべぎわで、いったりきたりしてるだろ？

122 てるてるぼうず

もんだい
エンマ庁には、じごくの虫が うじゃうじゃ おるぞ

123 下の 絵は、なにを あらわしているかな？

124 下の 絵は なにを あらわしているかな？

モモモモモモモモモ

4章 さばきの とき

125 下の 暗号は、ある虫の ことなんだって。なにかな？

126 この漢字の なかに、ある虫が かくれているよ。なにかな？

こたえは つぎの ページ

けっこう むずかしいだろう？

123 クワガタ

「9」は ガタガタ

でっかい クワガタ！

124 クモ

9この「モ」なので「クモ」でございます

キャーッ！

4章 さばきの とき

125 てんとう虫

「点10虫」って ことか！

さすがじゃのう！

126 ハエ

空

「ハエ」が かくれてる ニャ！

もんだい 127

暗号クイズだ！
このドアの かぎは
どれだか わかるかな？

なぞ 127

むむっ、よくわかったな

わかった！

「けしごむ」だから「ご」と「む」の字を けして 読むんだよ！

たごだしごいかむぎには
ごはむーとごむの
ほごうせきがむ
ごついてごいむる

↓

ただしい　かぎには
はーとの　ほうせきが
ついている

こたえ

おみごと!

「なわとび」だから「な」と「わ」をとばして 読むのよ!

それよ!

ひなわらけなごまなわ

じゃあいうよ、せーの…

ドキドキ

出口かな?

もんだい

まちがえたら オニの えさに してやるぞ

129
はかばの うらに ある お店は なに屋さんかな?

あいてるよ!

じごく

ランチ

130
うめぼしや さけや こんぶを のみこんじゃう オニって?

ごっくん!

4章 さばきの とき

(131) 紙を たべちゃう 赤い 顔した 1本足って?

(132) 「ありがとう」って いっているのに みんなに こわがられるのって だれ?

こたえは つぎの ページ

まちがえていたら たべてやる！

129 めし屋

130 おにぎり

4章 さばきの とき

131 ゆうびんポスト

132 ゆうれい

もんだい

エンマさまに、ぼくからも
なぞなぞ だすぞ！

133
すがたを かえたり、人に
とりついたりする けものって
なあに？

134
ようかいに はなしかけたら
どんな 返事が かえってくる？

ねー
ねー！

4章 さばきの とき

135 黄色い ちびっ子が びっしり ならんでいるのは なんの 野菜?

136 家を るすにしている あいだに 人と 会話しているのは だれ?

うーむ…… なかなか てごわい なぞなぞじゃ

133 ばけもの

こんニャに カワイイのに ばけもの なのニャ!

じぶんで いうな!

134 なんか ようかい?

なんか 用(よう)かい?

シャーッ!

135 とうもろこし

136 るすばん電話

もんだい 137

みんなを かがみに うつしたら、本物と ちがうところが 7つあったぞ。どこじゃ?

本物

もんだい

上から 読んでも 下から 読んでも おなじになる 『回文』じゃ！ ヒントの 絵を 見て 回文を つくるのだ

138

ヒントの絵

た
が
か
た

回文は とくい だよ！

4章 さばきの とき

139

ま
わた
にし
ま

ヒントの絵

おねがいったら ねーねー!!

ママ…

こたえは 213ページ

4章 さばきの とき

138
たいやがかがやいた

139
ままがわたしにしたわがまま

もんだい

なぞなぞの つづきじゃ！
どんどんいくぞ！

か、かがみの 光が
まぶしいー！

140 ばけものが すんでいる 星って どこ？

4章 さばきの とき

141 家族の なかに かくれている オニって だれ?

パパ、うしろー!

142 だしは だしでも 人の 足から とれる だしって?

めしあがれ!

ノーサンキュー!

こたえは つぎの ページ

なぞなぞ

毎日 ピカピカに みがいておるからの〜

140 モンスター

星の ことを 英語で「スター」と いうのです

「モンスター」は「ばけもの」って 意味だよね！

4章 さばきの とき

141 おにいちゃん

142 はだし

もんだい

もし ズルを したら、
じごくポリスを よぶからな！

143 うまく 人を だますほど はく手が もらえるよ。これは だれ？

144 お金ずきな どろぼうが きらいな おさつって なあに？

4章 さばきの とき

145 この なかに、わるい 人は なん人 いる?

146 じけんが おきると 大さわぎする サイって?

こたえは つぎの ページ

なぞ

ズルしてないから ポリスを
よんでも むだだよ

143 マジシャン

ボン！

144 けいさつ

おまえたちか？
ズルしたというのは！

してないって!!

もんだい

さいごの なぞなぞじゃ!!

147 ものを みるのは 目。じゃあ、したで みるのは?

148 数を かぞえていたら、きゅうに ふえちゃった! そのまえは いくつだった?

4章 さばきの とき

149 おいわいするときに あげるのは プレゼント。じゃあ、こわいときに あげるのは？

こわいときに あげます！

大きい…

150 ここで 勝負を すると 99回は かてるのに、100回目は かてない。いったい どこ？

100回目は かてない ばしょじゃ！

ばしょ…？

こたえは つぎの ページ

こたえ

これで もとの ばしょに かえれるかも!?

147 味

「味を みる」と いうじゃろう?

148 8 (きゅうの まえは 8 だからね)

「急」じゃなくて 「9」に ふえたニャ!

4章 さばきの とき

149 ひめい

150 ひゃっかてん（100かてん！）

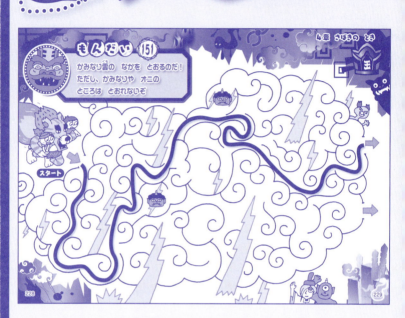

4章 さばきの とき

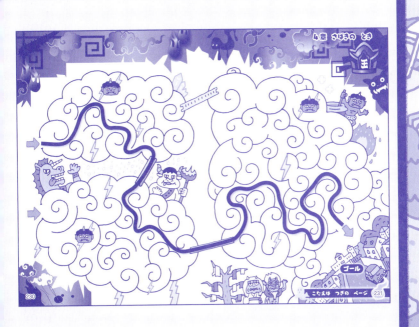

カシャ丸 バイバイ!

ありがとう!

みんなの なぞなぞ コーナー

このシリーズを読んでくれているみんながおくってくれたなぞなぞだぜ！

1

おどろくくらい　古(ふる)い
おかしは　なんだ？

きむらしゅんたくん　8才(さい)

さしあげます

2. カメの 上で のむ のみ物は なに?

しみずたかなおくん 9才

3. ぱぱが すきな たべものは なに?

(ヒント: もんだいを よくみてね)

たかぎゆいさん 10才

「だいすき なんだよ〜!」

「オッケー! わたしが つくってあげる!」

こたえは つぎの ページ

4 レストランに いつも いる どうぶつは?

H. りくくん 10才

いつもいるニャ!

こたえ

1 **ワッフル**(わっ、古!)
2 **コーラ**(カメの 上には こうらがある)
3 **パスタ**(たてに、「ぱすた」って こたえがある)
4 **トラ**(レス「トラ」ンだからね)

この本を 読んだ
感想を おくって
ほしいのじゃ！

みんなが 考えた
なぞなぞも
ぼしゅうしておるぞ！

〒160-8565 東京都新宿区大京町 22-1
ポプラ社児童書出版局「なぞなぞ＆ゲーム王国52
恐怖！なぞなぞじごくめぐり」の係まで

★みなさんのおたよりは、出版局と制作者で読んで、参考にさせていただきます。

作/ながたみかこ
絵/くろさきげん
デザイン/チャダル108

企画・編集・制作/株式会社アルバ

なぞなぞ&ゲーム王国㊿

恐怖! なぞなぞ じごくめぐり

発　　　行　2017年　8月　第1刷

発　行　者　長谷川　均
編　　　集　原田　哲郎
発　行　所　株式会社ポプラ社
　　　　　　〒160-8565　東京都新宿区大京町22-1
　　　　　　振替 00140-3-149271
　　　　　　電話（営業）03-3357-2212
　　　　　　　　（編集）03-3357-2216
　　　　　　インターネットホームページ www.poplar.co.jp
印　　　刷　図書印刷株式会社

Ⓒ M.Nagata G.Kurosaki　2017　Printed in Japan
N.D.C.798/239P/19cm　ISBN978-4-591-15520-2

本書のコピー、スキャン、デジタル化等の無断複製は著作権法上での例外を除き
禁じられています。本書を代行業者等の第三者に依頼してスキャンやデジタル
化することは、たとえ個人や家庭内での利用であっても著作権法上認められ
ておりません。落丁本・乱丁本は、送料小社負担でお取り替えいたします。小社
製作部宛にご連絡ください。製作部 電話 0120-666-553
受付時間は月～金曜日、9:00～17:00（祝祭日は除く）

※みなさんからのおたよりをお待ちしています。おたよりは、出版局から制作者・著者
　へおわたしいたします。

18さいまでの子どもがかけるでんわ
チャイルドライン®
0120-99-7777
ごご4時～ごご9時 ＊日曜日はお休みです

電話代はかかりません
携帯・PHS OK